Gatos y Retratos

MISTERIOSOS
OJOS FELINOS

Hayden Clayderson

Dedicado a todos los fotógrafos del mundo

que tienen el mérito de hacer eternas todas

las maravillas de la naturaleza

PREFACIO

El gato.

Divinidad del antiguo Egipto.

Misteriosa y silenciosa. Independiente y refinado.

Con su mirada felina, encrucijada entre el Cielo y la Tierra.

Vive la realidad observándola desde fuera.

Puedes intentar descifrar su mirada, pero corres el riesgo de perderte en su profundidad y encontrarte en otra dimensión.

Hay una diferencia fundamental entre la mirada de un gato y la de un perro.

Cuando un perro nos mira, nos pregunta qué hacer.

El gato da una orden.

Gato somalí mirando hacia arriba

Gato noble tumbado en el alféizar de la ventana. Británico de pelo corto con pelaje gris azulado
@Michal Collection via Canva

Dulce gatito sobre manta blanca
@Mariia Zotova da Getti Images Pro via Canva

Curioso gato atigrado
@Rrrainbow da Getty Images Pro via Canva

Gato pelirrojo sentado en el alféizar de la ventana
@Konstantin Aksenov da Getty Images via Canva

Retrato en primer plano de un gato Ragdol

Dos lindos gatitos atigrados sentados uno al lado del otro
@Elles Rijsdijk via Canva

Gato doméstico jugando al aire libre

Dulce gatito siberiano

Gato persa sentado en una torre para gatos
@anurakpong da Getty Images Pro via Canva

Gato doméstico de ojos azules

El bostezo de un hermoso gato doméstico

Retrato de un hermoso británico de pelo largo
@viewbug via Canva

Gato de pelo rojo con ojos verdes

Hermoso gato de ojos azules
@Mackenzie Kilmer via Canva

Gato blanco, negro y marrón con ojos verdes

Gato joven intentando subir a la rama
@m.kucova via Canva

Gato nadando en la piscina
@marieclaudelemay di Getty Images Pro via Canva

Retrato de un Sphynx canadiense
@Sun Lovage via Canva

Gatito sobre una alfombra de hojas amarillas
@Kichigin via Canva

Retrato en primer plano de un gato doméstico marrón
@BreakingTheWalls via Canva

Gato de Bengala doméstico
@Mats Andersson di Getty Images via Canva

Un gato Devon Rex sentado en una almohada
@gunnargren via Canva

Gato al acecho en la hierba
@m.kucova via Canva

Gato callejero independiente
@Joaquín Corbalán via Canva

Retrato de gatos callejeros sin hogar
@berkay08 via Canva

Retrato en primer plano del Gato de Pallas (El Manul)
@BreakingTheWalls via Canva

Gatito divertido

Gatito de 6 semanas que parece sonreír a la vida

Hermosa gata Maine Coon
@Jackson Stock Photography via Canva

Retrato de un hermoso gato negro
@Vesna Kniznar / 500px da Getty Images via Canva

Retrato de un gato de los bosques de Noruega

Retrato en primer plano de un gato siberiano de ojos verdes

Gato de pelaje gris y ojos naranjas
@frimufilms via Canva

Precioso gato de ojos azules
@Esin Deniz di Getty Images via Canva

Retrato de un gato doméstico adulto
@Kamchatka via Canva

Retrato en primer plano de un hermoso y somnoliento gato pelirrojo
@nikolaykrauz via Canva

Primer plano de un gato negro con mirada atenta
@Annette Shaff via Canva

Tres gatitos atigrados

Gato de ojos verdes tumbado en la hierba
@Tarau di Getty Images via Canva

Primer plano de un gato mirando a su alrededor
@tonyoquias di Getty Images via Canva

Gato en el alféizar de la ventana
@Aleshyn Andrei via Canva

Un gato en una casa antigua

Un gato y una vieja pared

Retrato de un gatito en blanco y negro
@graffoto8 di Getty Images via Canva

Hermoso y joven gato Maine Coon

Retrato de un gato blanco con ojos varicolores
@autore sconosciuto via Canva

Gato anciano de pelo largo gris con ojos amarillos
@sjallenphotography by Getty Images Pro via Canva

El gato azul de Rusia

Gato oriental de pelo corto
@Gorlov da Getty Images via Canva

SOBRE LAS FOTOGRAFÍAS

No es fácil encontrar fotografías tan significativas que puedan formar un bonito álbum de fotos. Tomas llenas de expresión, que a veces inspiran asombro, a veces serenidad o diversión. Un derroche de emociones a partir de una simple fotografía que convierte un momento en un recuerdo eterno. Me gustaría dar las gracias a los autores de las fotografías, tanto profesionales como aficionados, que lo han hecho posible.

CPSIA information can be obtained
at www.ICGtesting.com
Printed in the USA
LVHW070908060621
689024LV00050B/2511